GUIDE FÖR KAFFEBEREDNING

100 SPECDADE OCH INFUSERADE
KAFFERECEPT ATT BRYGGA
HEMMA

Anneli Mårtensson

Alla rättigheter förbehållna.

varning

Informationen i den här e-boken är avsedd att fungera som en omfattande samling av strategier som författaren till den här e-boken har forskat om. Sammanfattningar, strategier, tips och tricks är endast rekommendationer av författaren, och att läsa den här e-boken garanterar inte att ens resultat exakt speglar författarens resultat. Författaren till e-boken har gjort alla rimliga ansträngningar för att tillhandahålla aktuell och korrekt information till e-bokens läsare. Författaren och dess medarbetare kommer inte att hållas ansvariga för eventuella oavsiktliga fel eller utelämnanden som kan hittas. Materialet i e-boken kan innehålla information från tredje part. Tredjepartsmaterial består av åsikter som uttrycks av deras ägare. Som sådan tar e-bokens författare inget ansvar eller ansvar för material eller åsikter från tredje part.

E-boken är copyright © 2022 med alla rättigheter förbehållna. Det är olagligt att omdistribuera, kopiera eller skapa härledda verk från denna e-bok helt eller delvis. Inga delar av denna rapport får reproduceras eller återsändas i någon form reproduceras eller återsändas i någon form utan skriftligt uttryckt och undertecknat tillstånd från författaren.

INNEHÅLLSFÖRTECKNING

INNEHÅLLSFÖRTECKNING..................4
INTRODUKTION..................8
ISKAFFE..................10
   1. Iced Mochacchino..................11
   2. Mandel Iskaffe..................13
   3. Iced Cinnamon Coffee..................15
   4. Kaffeis..................17
   5. Iced Cafe Au Lait..................19
   6. Krämigt iskaffe..................21
   7. Iced kryddat kaffe..................23

ALKOHOL-INFUSERAD KAFFE..................26
   8. Romkaffe..................27
   9. Kahlua Irish Coffee..................29
   10. Baileys irländska cappuccino..................31
   11. Brandy Coffee..................33
   12. Kahlua och chokladsås..................35
   13. Hemlagad kaffelikör..................37
   14. Kahlua Brandy Coffee..................39
   15. Lime Tequila Espresso..................41
   16. Sötat konjakkaffe..................43
   17. Middagskaffe..................45
   18. Sweet Maple Coffee..................47
   19. Dublin Dream..................49
   20. Di Saronno Coffee..................51
   21. Baja Coffee..................53
   22. Pralinkaffe..................55

23. Pralinlikör...57
24. Amaretto Cafe'..59
25. Cafe Au Cin..61
26. Spetsad Cappuccino..................................63
27. Gaeliskt kaffe..65
28. Kanadensiskt kaffe....................................67
29. Tyskt kaffe..69
30. Danskt kaffe..71
31. Irish coffee Shooter Milkshake...................73
32. Good Old Irish..75
33. Bushmills Irish Coffee................................77
34. Stark Irish Coffee......................................79
35. Krämigt Irish Coffee..................................81
36. Old Fashioned Irish Coffee........................83
37. Lattetini..85

MOCKA..87

38. Iced Mocha Cappuccino...........................88
39. Original Iskaffe...90
40. Kaffe med mockasmak..............................92
41. Kryddig mexikansk mocka.........................94
42. Chokladkaffe..96
43. Pepparmint Mocka Coffee.........................98
44. Mocka italiensk espresso........................100
45. Chokladkaffe..102
46. Choklad Amaretto kaffe..........................104
47. Chokladmintkaffeflottor..........................106
48. Kakao Kaffe..108
49. Kakao Hasselnötsmocka.........................110
50. Chokladmintkaffe...................................112
51. Cafe Au Lait...114
52. Italienskt kaffe med choklad...................116
53. Semi Sweet Mocha.................................118

KRYDDA KAFFE 120

54. Orange Spice Coffee 121
55. Kryddkaffegrädde 123
56. Kardemumma Kryddat kaffe 125
57. Cafe de Ola 127
58. Vaniljmandelkaffe 129
59. Arabiska Java 131
60. Honungskaffe 133
61. Cafe Vienna Desire 135
62. Kanelkryddat kaffe 137
63. Kanel Espresso 139
64. Mexikanskt kryddat kaffe 141
65. Vietnamesiskt äggkaffe 143
66. Turkiskt kaffe 145
67. Pumpkin Spiced Lattes 148
68. Caramel Latte 151

FRAPPUCCINO OCH CAPPUCCINO 153

69. Caramel Frappuccino 154
70. Hallon Frappuccino 156
71. Coffee Milk Shake 158
72. Mocka Frappe 160
73. Instant Caramel Frappuccino 162
74. Mango Frappe 164
75. Café Cappuccino 166
76. Cappuccino Shake 168
77. Krämig Cappuccino 170
78. Fryst Cappuccino 172

FRUKTIG KAFFE 174

79. Hallonkaffe 175
80. Julfika 177
81. Rik kokosnötskaffe 179

82. CHOKLAD BANAN KAFFE..181
83. SCHWARZWALDKAFFE..183
84. MARASCHINO COFFEE..185
85. CHOKLADMANDELKAFFE..187
86. KAFFE SODA POP..189
87. WIENKAFFE..191
88. ESPRESSO ROMANO..193

KAFFEBLANDNINGAR..**195**

89. CAFE AU LAIT...196
90. INSTANT ORANGE CAPPUCCINO.....................................198
91. MOCKAMIX I SCHWEIZISK STIL.......................................200
92. INSTANT CREAMED IRISH COFFEE..................................202
93. MOCHA COFFEE MIX..204
94. MOCKA INSTANT COFFEE..206
95. WIENS KAFFEMIX..208
96. NATTFÖTTER KAFFEMIX...210
97. CAPPUCCINOMIX..212
98. CAFE CAPPUCCINO MIX..214
99. LOUISIANA CAFÉ MED MJÖLK..216
100. VÄSTINDIENS KAFFE..218

SLUTSATS..**220**

INTRODUKTION

Varför älskar vi kaffe så mycket? Jo, förutom att det är supergott! En rykande kopp kaffe är det första som miljontals människor söker efter varje morgon och det finns många anledningar till att dessa människor gör det dagligen. Koffeinet i det spelar två roller i varför människor dricker kaffe. För det första hjälper koffeinet i kaffe att få igång människors blod och får dem att känna sig energiska. Tidiga morgonarbetare tenderar att lita på sitt kaffe för att hjälpa dem att ta sig igenom sin arbetsdag.

Den andra anledningen till att koffein är en anledning till att folk dricker kaffe är att det är beroendeframkallande. Det finns många kemikalier i kaffe som bidrar till dess beroendeframkallande egenskaper och koffein är den främsta. Koffeinabstinens kan orsaka huvudvärk och irritabilitet och många föredrar att inte ge upp sitt kaffe.

Kaffe har blivit en mycket social dryck som i popularitet liknar alkohol. Förmiddagar på det lokala kaféet är platsen för att umgås med vänner eller träffas för att diskutera affärer. Människor tenderar att dricka kaffe vid dessa sammankomster oavsett om de gillar det eller inte, vilket så småningom hjälper dem att utveckla en smak för det och sedan blir det beroendeframkallande.

Kaffedrickare säger att de dricker kaffe för att koppla av. Även om detta kan verka som en oxymoron med tanke på att kaffe är ett stimulerande, kan en varm kopp koffeinfritt kaffe eller, för vissa människor, till och med vanligt kaffe slappna av sinnena och hjälpa dem att varva ner och lugna nerverna. Forskare tillskriver den lugnande effekten till stimulering av sinnena som hjälper till med kreativitet och mental stimulans som i sin tur hjälper till att lugna vissa människor.

ISKAFFE

1. Iced Mochacchino

Ingredienser:
- 1/2 kopp bryggd espresso, kyld
- 6 matskedar chokladsirap
- 1 msk socker
- 1/2 kopp mjölk
- 1 kopp vaniljglass eller fryst yoghurt
- 1/4 kopp Tung grädde, mjukt vispad

Vägbeskrivning
a) Häll espresso, chokladsirap, socker och mjölk i en mixer och mixa.
b) Tillsätt glassen eller yoghurten och mixa tills det är slätt.
c) Häll upp blandningen i två kylda glas och toppa vart och ett med vispgrädde och chokladslingor eller en strö av kanel eller kakao.

2. Mandel Iskaffe

Ingredienser:
- 1 kopp starkt bryggkaffe
- 1 dl lättmjölk
- 1/2 tsk vaniljextrakt
- 1/2 tsk mandelextrakt
- 1 tsk socker
- Kanel till garnering
- Dessert topping

Vägbeskrivning
a) Kombinera 1 kopp starkt bryggt kaffe med 1 kopp skummjölk, vaniljextraktet, mandelextraktet och sockret.
b) Häll upp i 2 - 10 uns isfyllda glas
c) Garnera med kanel.

3. Iced kanel kaffe

Ingredienser:
- 4 koppar starkt kaffe (använd 2 till 4 teskedar instant till 1 kopp kokande vatten
- 1 3" kanelstång, bruten i små bitar
- 1/2 kopp kraftig grädde
- Kaffesirap-sirap finns i många smaker. Vanilj skulle komplettera kanelen.

Vägbeskrivning

a) Häll hett kaffe över kanelbitar; täck och låt stå ca 1 timme.

b) Ta bort kanel och rör ner grädde. Kyl ordentligt.

c) För att servera, häll upp i isfyllda glas. Rör i önskad mängd kaffesirap.

d) Om så önskas, toppa med sötad vispgrädde och strö över malen kanel. Använd kanelstänger som omrörare.

4. Kaffe Is

Ingredienser:
- 2 koppar bryggd espresso
- 1/4 kopp socker
- 1/2 tsk mald kanel

Vägbeskrivning
a) I en kastrull på medelvärme, sjud alla ingredienser så att de löses upp.
b) Lägg blandningen i en metallform, täck över och frys i minst 5 timmar, rör om den yttre frysta blandningen i mitten varje halvtimme, tills den är fast men inte fast frusen.
c) Strax före servering, skrapa blandningen med en gaffel för att lätta konsistensen. Ger 4 (1/2 kopp) portioner.

5. Iced Cafe Au Lait

Ingredienser:
- 2 1/4 kallt nybryggt kaffe
- 2 koppar mjölk
- 2 koppar krossad is
- Socker efter smak

Vägbeskrivning
a) Mixa alla ingredienser i en mixer.
b) Tillsätt socker och fortsätt mixa tills det blir skum.
c) Häll över is
d) Servera omedelbart.

6. Krämigt iskaffe

Ingredienser:
- 1 kopp kylt starkt bryggt kaffe
- 2 rundade matskedar konditorsocker
- 3 koppar hackad is

Vägbeskrivning
a) Blanda kaffe, socker och is
b) Mixa tills det är krämigt

7. Iced kryddat kaffe

Ger 4 koppar

Ingredienser

- 1/2 kopp grovmalet kaffe
- 4 koppar rumstempererat vatten
- 1 kanelstång
- 1 hel muskot, krossad
- Mjölk eller grädde, till servering
- Honung eller socker, till servering

Vägbeskrivning

a) Grovmala kaffet. Använd en klubba för att lätt krossa kanelstång och hel muskotnöt.
b) I en stor behållare, tillsätt kaffe och kryddor och rumstempererat eller något varmt vatten. Rör ihop och låt dra i minst 4 timmar eller helst över natten.
c) Sila kaffet med en fransk press eller låt det rinna av genom ett filter.
d) Häll kaffe över is och tillsätt lite sötningsmedel och/eller grädde eller

mjölk om du vill. Men den är jättefin svart också!

ALKOHOL-INFUSERAD KAFFE

8. Rom kaffe

Ingredienser:
- 12 oz. Färskmalet kaffe, gärna chokladmynta, eller schweizisk choklad
- 2 oz. Eller mer 151 Rom
- 1 stor skopa vispad grädde
- 1 oz. Baileys Irish Cream
- 2 msk chokladsirap

Vägbeskrivning
a) Nymalt kaffet.
b) Brygga.
c) Lägg 2+ oz i en stor mugg. av 151 rom i botten.
d) Häll det varma kaffet i muggen 3/4 av vägen upp.
e) Tillsätt Bailey's Irish Cream.
f) Vispa.
g) Toppa med den färska vispgrädden och ringla över chokladsirapen.

9. Kahlua Irish Coffee

Ingredienser:

- 2 oz. Kahlua eller kaffelikör
- 2 oz. Irländsk whisky
- 4 koppar varmt kaffe
- 1/4 kopp vispgrädde, vispad

Vägbeskrivning

a) Häll ett halvt uns kaffelikör i varje kopp. Tillsätt ett halvt uns irländsk whisky till varje
b) kopp. Häll i rykande nybryggt hett kaffe, rör om. Sked två högar
c) matsked vispad grädde på toppen av varje. Servera varm, men inte så varm att du bränner på läpparna.

10. Baileys irländska cappuccino

Ingredienser:
- 3 oz. Bailey's Irish Cream
- 5 oz. Varmt kaffe -
- Konserverad dessert topping
- 1 skv muskotnöt

Vägbeskrivning
a) Häll Bailey's Irish Cream i en kaffemugg.
b) Fyll på med varmt svart kaffe. Toppa med en enda spray av desserttoppning.
c) Pudra desserttoppningen med en klick muskotnöt

11. Brandy kaffe

Ingredienser:
- 3/4 kopp varmt starkt kaffe
- 2 uns konjak
- 1 tsk socker
- 2 uns Heavy Cream

Vägbeskrivning
a) Häll upp kaffet i en hög mugg. Tillsätt sockret och rör om så att det löser sig.
b) Tillsätt konjaken och rör om igen. Häll grädden, över baksidan av en tesked medan du håller den, något ovanför toppen av kaffet i koppen. Detta gör att den kan flyta.
c) Tjäna.

12. Kahlua och chokladsås

Ingredienser:
- 6 koppar varmt kaffe
- 1 kopp chokladsirap
- 1/4 kopp Kahlua
- $\frac{1}{8}$ tsk mald kanel
- Vispgrädde

Vägbeskrivning
a) Kombinera kaffe, chokladsirap, Kahlua och kanel i en stor behållare; blanda väl.
b) Servera omedelbart. Toppa med vispad grädde.

13. Hemlagad kaffelikör

Ingredienser:
- 4 koppar socker
- 1/2 kopp snabbkaffe - använd filtrerat vatten
- 3 koppar vatten
- 1/4 tsk salt
- 1 1/2 kopp vodka, högbeständig
- 3 msk vanilj

Vägbeskrivning
a) Blanda socker och vatten; koka tills sockret löst sig. Sänk värmen för att sjuda och låt sjuda i 1 timme.
b) LÅT SVALNA.
c) Rör ner vodka och vanilj.

14. Kahlua Brandy Coffee

Ingredienser:
- 1 uns Kahlua
- 1/2 uns konjak
- 1 kopp varmt kaffe
- Vispad grädde till topping

Vägbeskrivning
a) Tillsätt Kahlua och konjak till kaffet
b) Garnera med den vispade grädden

15. Lime Tequila Espresso

Ingredienser:
- Dubbel shot espresso
- 1 shot vit tequila
- 1 färsk lime

Vägbeskrivning
a) Kör en limeskiva runt kanten på ett espressoglas.
b) Häll en dubbel shot espresso över is.
c) Lägg till en enda shot vit tequila
d) Tjäna

16. Sötat konjakkaffe

Ingredienser:
- 1 kopp nybryggt kaffe
- 1 oz. Kaffelikör
- 1 tsk chokladsirap
- 1/2 oz. Brandy
- 1 st kanel
- Söt vispgrädde

Vägbeskrivning
a) Kombinera kaffelikör, konjak, chokladsirap och kanel i en mugg. Fyll på med nybryggt kaffe.
b) Toppa med vispad grädde.

17. Middagsfest kaffe

Ingredienser:
- 3 koppar mycket varmt koffeinfritt kaffe
- 2 matskedar socker
- 1/4 kopp ljus eller mörk rom

Vägbeskrivning
a) Blanda mycket varmt kaffe, socker och rom i en uppvärmd gryta.
b) Dubbla efter behov.

18. Söt lönnkaffe

Ingredienser:
- 1 kopp halv och en halv
- 1/4 kopp lönnsirap
- 1 kopp Varmbryggt kaffe
- Sötad vispgrädde

Vägbeskrivning
a) Koka halv-och-halva och lönnsirap i en kastrull på medelvärme. Rör hela tiden tills den är ordentligt uppvärmd. Låt inte blandningen koka.
b) Rör ner kaffe och servera med sötad vispgrädde.

19. Dublin dröm

Ingredienser:

- 1 matskedar Snabbkaffe
- 1 1/2 msk Instant varm choklad
- 1/2 oz. Irländsk gräddlikör
- 3/4 kopp kokande vatten
- 1/4 kopp vispad grädde

Vägbeskrivning

a) I ett Irish coffee-glas, lägg alla ingredienser utom den vispade grädden.
b) Rör om tills det är väl blandat och garnera med vispad grädde.

20. Di Saronno kaffe

Ingredienser:

- 1 oz. Di saronno amaretto
- 8 oz. Kaffe
- Vispgrädde

Vägbeskrivning

a) Blanda Di Saronno Amaretto med kaffe och toppa sedan med vispad grädde.
b) Servera i irländsk kaffemugg.

21. Baja kaffe

Ingredienser:
- 8 koppar varmt vatten
- 3 matskedar snabbkaffegranulat
- 1/2 kopp kaffelikör
- 1/4 kopp Crème de Cacao likör
- 3/4 kopp vispad grädde
- 2 msk halvsöt choklad, riven

Vägbeskrivning
a) I slow-cooker, kombinera varmt vatten, kaffe och likörer.
b) Täck och värm på LOW 2-4 timmar. Häll upp i muggar eller värmetåliga glas.
c) Toppa med vispad grädde och riven choklad.

22. Pralin kaffe

Ingredienser:
- 3 koppar Varmbryggt kaffe
- 3/4 koppar halv-och-halva
- 3/4 koppar Fast packat Farinsocker
- 2 msk smör eller margarin
- 3/4 kopp Pralinlikör
- Sötad vispgrädde

Vägbeskrivning
a) Koka de första 4 ingredienserna i en stor kastrull på medelhög värme, under konstant omrörning, tills de är ordentligt uppvärmda, får inte koka.
b) Rör i likör; servera med sötad vispgrädde.

23. Pralinlikör

Ingredienser:

- 2 koppar mörkbrunt socker fast förpackad
- 1 kopp vitt socker
- 2 1/2 koppar vatten
- 4 koppar pekannötsbitar
- 4 vaniljbönor delade på längden
- 4 koppar vodka

Vägbeskrivning

a) Blanda farinsocker, vitt socker och vatten i en kastrull på medelvärme tills blandningen börjar koka. Sänk värmen och låt sjuda i 5 minuter.

b) Häll vaniljbönor och pekannötter i en stor glasburk (eftersom detta ger 4 1/2 dl. Häll varm blandning i burken och låt svalna. Tillsätt vodka

c) Täck ordentligt och förvara på en mörk plats. Vänd burken varje dag under de kommande 2 veckorna för att hålla alla ingredienser kombinerade. Sila blandningen efter 2 veckor och kassera fasta ämnen.

24. Amaretto Cafe'

Ingredienser:

- 1 1/2 koppar varmt vatten
- 1/3 kopp Amaretto
- 1 msk snabbkaffekristaller
- Topping med vispad grädde

Vägbeskrivning

a) Rör ihop vatten och snabbkaffekristaller i en mikrovågsskål.

b) Mikrovågsugn utan lock, på 100 % effekt i cirka 3 minuter eller bara tills den är ångande het.

c) Rör ner Amaretton. Servera i klara glasmuggar. Toppa varje mugg kaffeblandning med lite desserttoppning.

25. Café Au Cin

Ingredienser:
- 1 kopp kallt starkt franskrostat kaffe
- 2 msk strösocker
- streck kanel
- 2 oz. Tawny port
- 1/2 tsk Rivet apelsinskal

Vägbeskrivning
a) Blanda och blanda i en mixer på hög hastighet.
b) Häll upp i kylda vinglas.

26. Spetsad Cappuccino

Ingredienser:
- 1/2 kopp halv-och-halva
- 1/2 kopp Nybryggd espresso
- 2 msk konjak
- 2 msk vit rom
- 2 msk mörk crème de cacao
- Socker

Vägbeskrivning
a) Vispa halv-och-halva i en liten kastrull på hög värme tills det blir skummande, ca 3 minuter.
b) Fördela espressokaffe mellan 2 koppar. Tillsätt hälften av konjaken och hälften av crème de cacao i varje kopp.
c) Vispa om halv och halv och häll upp i koppar.
d) Socker är valfritt

27. Gaeliskt kaffe

Ingredienser:
- Svart kaffe; nygjorda
- Skotsk whisky
- Rå farinsocker
- Riktig vispgrädde; vispad tills det är lite tjockt

Vägbeskrivning
a) Häll upp kaffet i ett uppvärmt glas.
b) Tillsätt whiskyn och farinsocker efter smak. Blanda väl.
c) Häll lite lättvispad grädde i glaset över baksidan av en tesked som är precis ovanför toppen av vätskan i koppen.
d) Det ska flyta lite.

28. Kanadensiskt kaffe

Ingredienser:
- 1/4 kopp lönnsirap; ren
- 1/2 kopp Rye whisky
- 3 koppar kaffe; varm, svart, dubbel styrka

Garnering:
- 3/4 kopp vispgrädde
- 4 tsk ren lönnsirap

Vägbeskrivning

a) Topping - Vispa 3/4 kopp vispad grädde med 4 tsk lönnsirap tills det bildar en mjuk kulle.
b) Fördela lönnsirap och whisky mellan 4 förvärmda värmebeständiga glasmuggar.
c) Häll i kaffe till 1 tum från toppen.
d) Sked topping över kaffe.
e) Tjäna

29. Tyskt kaffe

Ingredienser:
- 1/2-ounce körsbärsbrandy
- 5 uns färskt svart kaffe
- 1 tsk sockervispad grädde
- Maraschino körsbär

Vägbeskrivning

a) Häll kaffet och körsbärsbrandy i en kaffekopp och tillsätt sockret för att söta.

b) Toppa med vispad grädde och ett maraschino körsbär.

30. Danskt kaffe

Ingredienser:
- 8 c Varmt kaffe
- 1 c Mörk rom
- 3/4 c socker
- 2 kanelstänger
- 12 nejlikor (hela)

Vägbeskrivning
a) I en mycket stor tjock kastrull, kombinera alla ingredienser, täck över och håll på låg värme i ca 2 timmar.
b) Servera i kaffemuggar.

31. Irish coffee Shooter Milkshake

Ingredienser:
- 1/2 dl skummjölk
- 1/2 koppar vanlig yoghurt med låg fetthalt
- 2 tsk socker
- 1 tsk snabbkaffepulver
- 1 tsk irländsk whisky

Vägbeskrivning
a) Lägg alla ingredienser i en mixer på låg hastighet.
b) Mixa tills du kan se att dina ingredienser är införlivade i varandra.
c) Använd ett högt skakglas för presentation.

32. Goda gamla irländska

Ingredienser:
- 1,5 uns Irish Cream Liqueur
- 1,5 uns irländsk whisky
- 1 kopp varmbryggt kaffe
- 1 msk vispad grädde
- 1 skvätt muskotnöt

Vägbeskrivning
a) Kombinera Irish cream och The Irish Whisky i en kaffemugg.
b) Fyll mugg med kaffe. Toppa med en klick vispgrädde.
c) Garnera med ett stänk muskotnöt.

33. Bushmills Irish Coffee

Ingredienser:
- 1 1/2 uns Bushmills irländsk whisky
- 1 tsk farinsocker (valfritt)
- 1 streck Crème de menthe, grön
- Extra starkt färskt kaffe
- Vispgrädde

Vägbeskrivning
a) Häll whisky i den irländska kaffekoppen och fyll till 1/2 tum från toppen med kaffe. Tillsätt socker efter smak och blanda. Toppa med vispad grädde och ringla crème de menthe över.
b) Doppa kanten av koppen i socker för att täcka kanten.

34. Stark Irish Coffee

Ingredienser:
- 1 kopp starkt kaffe
- 1 1/2 oz. Irländsk whisky
- 1 tsk socker
- 1 msk vispad grädde

Vägbeskrivning
a) Blanda kaffe, socker och whisky i en stor mikrovågsmugg.
b) Mikrovågsugn på hög 1 till 2 min. Toppa med vispad grädde
c) Var försiktig när du dricker, kan behöva en stund för att svalna.

35. Krämigt Irish Coffee

Ingredienser:
- 1/3 kopp irländsk gräddlikör
- 1 1/2 koppar nybryggt kaffe
- 1/4 kopp Heavy Cream, lätt sötad och vispad

Vägbeskrivning
a) Fördela likören och kaffet mellan 2 muggar.
b) Toppa med vispad grädde.
c) Tjäna.

36. Gammaldags Irish Coffee

Ingredienser:
- 3/4 kopp varmt vatten
- 2 matskedar irländsk whisky
- Dessert Topping
- 1 1/2 matsked snabbkaffekristaller
- Farinsocker efter smak

Vägbeskrivning
a) Kombinera vatten och snabbkaffekristaller. Mikrovågsugn, utan lock, på
b) 100% kraft ca 1 1/2 minut eller bara tills den är ångande varm. Rör ner irländsk whisky och farinsocker.

37. Lattetini

Ingredienser:
- 1-del gräddlikör
- 1½ delar Vodka

Vägbeskrivning
a) Skaka med is och sila ner i ett Martiniglas.
b) Njut av

MOCKA

38. Iced Mocha Cappuccino

Ingredienser:
- 1 msk chokladsirap
- 1 kopp varm dubbel espresso eller mycket starkt kaffe
- 1/4 kopp halv-och-halva
- 4 isbitar

Vägbeskrivning

a) Rör ner chokladsirapen i det varma kaffet tills det smält. Kombinera kaffet med halv-och-halva och isbitarna i en mixer.
b) Mixa på hög hastighet i 2 till 3 minuter.
c) Servera genast i ett högt, kallt glas.

39. Original iskaffe

Ingredienser:
- 1/4 kopp kaffe; omedelbar, vanlig eller koffeinfri
- 1/4 kopp socker
- 1 liter eller liter kall mjölk

Vägbeskrivning
a) Lös snabbkaffe och socker i varmt vatten. Rör i 1 liter eller liter kall mjölk och tillsätt is. För mockasmak, använd chokladmjölk och tillsätt socker efter smak.
b) Lös upp 1 matsked avsnabbkaffe aoch 2 tsk socker i 1 matsked varmt vatten.
c) Tillsätt 1 kopp kall mjölk och rör om.
d) Du kan söta med ett lågkalorisötningsmedel istället för socker

40. Mocka smaksatt kaffe

Ingredienser:
- 1/4 kopp mjölkfri gräddkanna torr
- 1/3 kopp socker
- 1/4 kopp torrt snabbkaffe
- 2 matskedar kakao

Vägbeskrivning

a) Lägg alla ingredienser i mixern, vispa på hög tills det är väl blandat. Blanda 1 1/2 matskedar med en kopp varmt vatten.

b) Förvara i lufttät burk. Som en konservburk.

41. Kryddig mexikansk mocka

Ingredienser:

- 6 uns starkt kaffe
- 2 msk pulveriserat socker
- 1 msk osötad malet chokladpulver
- 1/4 tsk vietnamesisk kassiakanel
- 1/4 tsk jamaicansk kryddpeppar
- 1/8 tsk Cayennepeppar
- 1-3 matskedar Heavy Cream eller halv och halv

Vägbeskrivning

a) Blanda alla torra ingredienser i en liten skål.
b) Häll kaffet i en stor mugg, rör ner kakaomixen tills det är slätt.
c) Tillsätt sedan grädden efter smak.

42. Choklad kaffe

Ingredienser:
- 2 matskedar snabbkaffe
- 1/4 kopp socker
- 1 skvätt salt
- 1 oz. Rutor osötad choklad
- 1 kopp vatten
- 3 koppar mjölk
- Vispgrädde

Vägbeskrivning
a) Blanda kaffe, socker, salt, choklad och vatten i en kastrull; rör om på låg värme tills chokladen har smält. Sjud i 4 minuter under konstant omrörning.
b) Tillsätt mjölken gradvis under konstant omrörning tills den är uppvärmd.
c) När den är rykande het, ta bort från värmen och vispa med roterande visp tills blandningen är skum.
d) Häll upp i koppar och segla en klick vispgrädde på ytan av varje.

43. Pepparmint Mocka kaffe

Ingredienser:
- 6 koppar nybryggt kaffe
- 1 1/2 koppar mjölk
- 4 uns halvsöt choklad
- 1 tsk pepparmyntsextrakt
- 8 pepparmyntsstavar

Vägbeskrivning
a) Häll kaffe, mjölk, choklad i en stor kastrull på låg värme i 5-7 minuter eller tills chokladen har smält, blandningen är genomvärmd, rör om då och då.
b) Rör ner pepparmintsextraktet
c) Häll upp i muggar
d) Garnera med en pepparmyntsstav

44. Mocka italiensk espresso

Ingredienser:
- 1 kopp snabbkaffe
- 1 kopp socker
- 4 1/2 koppar fettfri torrmjölk
- 1/2 kopp kakao

Vägbeskrivning
a) Rör ihop alla ingredienser.
b) Bearbeta i en mixer tills det är pulveriserat.
c) Använd 2 matskedar till en liten kopp varmt vatten.
d) Servera i espressokoppar
e) Ger cirka 7 koppar mix
f) Förvara i en burk med tättslutande lock.
g) Konserveringsburkar fungerar bra för kaffeförvaring.

45. Chokladkaffe

Ingredienser:

- 1/4 kopp instant espresso
- 1/4 kopp snabbkakao
- 2 koppar kokande vatten - det är bäst att använda vatten som har filtrerats
- Vispgrädde
- Finstrimlat apelsinskal eller malen kanel

Vägbeskrivning

a) Kombinera kaffe och kakao. Tillsätt kokande vatten och rör om så att det löser sig. Häll upp i demitassekoppar. Toppa varje servering med vispad grädde, strimlat apelsinskal och en klick kanel.

46. CHoklad Amaretto kaffe

Ingredienser:
- Amaretto kaffebönor
- 1 msk vaniljextrakt
- 1 tsk mandelextrakt
- 1 tsk kakaopulver
- 1 tsk socker
- Vispad grädde till garnering

Vägbeskrivning
a) Brygg kaffe.
b) Tillsätt vanilj- och mandelextrakt 1 tsk kakao och 1 tsk socker per kopp.
c) Garnera med vispad grädde

47. Choklad Mint Kaffe Float

Ingredienser:
- 1/2 kopp varmt kaffe
- 2 msk Crème de Cacao Likör
- 1 skopa mintchokladglass

Vägbeskrivning
a) För varje servering kombinera 1/2 kopp kaffe och 2 matskedar
b) s av likören.
c) Toppa med en kula glass.

48. Kakao kaffe

Ingredienser:
- 1/4 kopp Powder Non Dairy Creamer
- 1/3 kopp socker
- 1/4 kopp torrt snabbkaffe
- 2 matskedar kakao

Vägbeskrivning
a) Lägg alla ingredienser i en mixer, mixa på hög tills det är väl blandat.
b) Förvara i en lufttät burk.
c) Blanda 1 1/2 matskedar med 3/4 kopp varmt vatten

49. Kakao Hasselnötsmocka

Ingredienser:
- 3/4 oz. Kahlua
- 1/2 cupp Hot hasselnötskaffe
- 1 tsk Nestlé Quick
- 2 matskedar halv och halv

Vägbeskrivning
a) Kombinera alla ingredienser i din favorit cu.
b) Vispa

50. Choklad mynta kaffe

Ingredienser:

- 1/3 kopp malet kaffe
- 1 tsk chokladextrakt
- 1/2 tsk myntaextrakt
- 1/4 tsk vaniljextrakt

Vägbeskrivning

a) Häll kaffet i mixern.
b) I en kopp kombinera extrakt, tillsätt extrakt till kaffe.
c) Bearbeta tills blandat, bara några sekunder.
d) Förvaras kylt

51. Café Au Lait

Ingredienser:
- 2 dl mjölk
- 1/2 kopp kraftig grädde
- 6 kopparLouisiana kaffe

Vägbeskrivning
a) Blanda mjölk och grädde i en kastrull; låt bara koka upp (bubblor bildas runt kanten på pannan) och ta sedan bort från värmen.
b) Häll en liten mängd kaffe i varje kaffekopp.
c) Häll återstående kaffe och varm mjölkblandning tills kopparna är ca 3/4 fulla.
d) Skummjölk kan ersätta helmjölk och grädde.

52. Italienskt kaffe med choklad

Ingredienser:
- 2 koppar varmt starkt kaffe
- 2 koppar varm traditionell kakao - prova Hersheys varumärke
- Vispgrädde
- Rivet apelsinskal

Vägbeskrivning
a) Kombinera 1/2 kopp kaffe och 1/2 kopp kakao i var och en av de 4 muggarna.
b) Toppa med vispad grädde; strö över rivet apelsinskal.

53. Semi söt mocka

Ingredienser:
- 4 oz. Halvsöt choklad
- 1 msk socker
- 1/4 kopp vispgrädde
- 4 koppar varmt starkt kaffe
- Vispgrädde
- Rivet apelsinskal

Vägbeskrivning

a) Smält chokladen i en tjock kastrull på låg värme.
b) Rör ner socker och vispgrädde.
c) Vispa i kaffe med en visp, 1/2 kopp åt gången; fortsätt tills det skummar.
d) Toppa med vispad grädde och strö över rivet apelsinskal.

KRYDDA KAFFE

54. Orange Spice Coffee

Ingredienser:
- 1/4 kopp malet kaffe
- 1 msk rivet apelsinskal
- 1/2 tsk vaniljextrakt
- 1 1/2 kanelstänger

Vägbeskrivning
a) Lägg kaffe och apelsinskal i en mixer eller matberedare.
b) Stoppa processorn tillräckligt länge för att tillsätta vaniljen.
c) Bearbeta 10 sekunder till.
d) Lägg blandningen i en glaskanna med kanelstängerna och ställ i kylen.

55. Kryddad kaffegrädde

Ingredienser:
- 2 koppar Nestlé är snabbt
- 2 koppar pulveriserad kaffegräddkanna
- 1/2 koppar pulveriserat socker
- 3/4 tsk kanel
- 3/4 tsk Muskotnöt

Vägbeskrivning
a) Blanda ihop alla ingredienser och förvara i en lufttät burk.
b) Blanda 4 tsk med en kopp varmt vatten

56. Kardemumma kryddat kaffe

Ingredienser:
- 3/4 kopp malet kaffe
- 2 2/3 koppar vatten
- Mald kardemumma
- 1/2 kopp sötad kondenserad mjölk

Vägbeskrivning
a) Brygg kaffe i droppstil eller perkolatorkaffebryggare.
b) Häll upp i 4 koppar.
c) Till varje portion tillsätt en skvätt kardemumma och 2 matskedar kondenserad mjölk.
d) Vispa
e) Tjäna

57. Café de Ola

Ingredienser:
- 8 koppar filtrerat vatten
- 2 små kanelstänger
- 3 hela nejlikor
- 4 uns mörkt brunt socker
- 1 kvadrat halvsöt choklad eller mexikansk choklad
- 4 uns malet kaffe

Vägbeskrivning
a) Koka upp vattnet.
b) Tillsätt kanel, kryddnejlika, socker och choklad.
c) Koka upp igen, skumma bort eventuellt skum.
d) Sänk värmen till låg och LÅT DET INTE KOKA
e) Tillsätt kaffet och låt dra i 5 minuter.

58. Vaniljmandelkaffe

Ingredienser:
- 1/3 kopp malet kaffe
- 1 tsk vaniljextrakt
- 1/2 tsk mandelextrakt
- 1/4 tsk anisfrön

Vägbeskrivning
a) Häll kaffet i en mixer
b) Kombinera resterande ingredienser i en separat kopp
c) Tillsätt extraktet och fröna till kaffet i mixern
d) Bearbeta tills det blandas
e) Använd blandningen som vanligt när du brygger kaffe
f) Gör 8-6 uns portioner
g) Förvara oanvänd portion i kylen

59. Arabiska Java

Ingredienser:
- 1 pint filtrerat vatten
- 3 matskedar kaffe
- 3 matskedar socker
- 1/4 tsk kanel
- 1/4 tsk kardemumma
- 1 tsk vanilj eller vaniljsocker

Vägbeskrivning
a) Blanda alla ingredienser i en kastrull och värm tills skum samlas på toppen.
b) Passera inte genom ett filter.
c) Rör om innan servering

60. Honung kaffe

Ingredienser:
- 2 koppar färskt kaffe
- 1/2 kopp mjölk
- 4 matskedar honung
- 1/8 tsk kanel
- Dash muskotnöt eller kryddpeppar
- Droppa eller 2 vaniljextrakt

Vägbeskrivning
a) Värm ingredienserna i en kastrull, men koka inte.
b) Rör om väl för att kombinera ingredienserna.
c) Ett härligt dessertkaffe.

61. Café Vienna Desire

Ingredienser:
- 1/2 kopp snabbkaffe
- 2/3 kopp socker
- 2/3 kopp fettfri mjölk
- 1/2 tsk kanel
- 1 nypa kryddnejlika -justera efter smak
- 1 nypa kryddpeppar - justera efter smak
- 1 nypa Muskot-justera efter smak

Vägbeskrivning
a) Blanda ihop alla ingredienser
b) Använd en mixer för att blanda till ett mycket fint pulver. Använd 1 matsked per mugg hett filtrerat vatten.

62. Kanelkryddat kaffe

Ingredienser:
- 1/3 kopp snabbkaffe
- 3 matskedar socker
- 8 hela kryddnejlika
- 3 tums kanelstång
- 3 koppar vatten
- Vispgrädde
- Mald kanel

Vägbeskrivning

a) Kombinera 1/3 kopp snabbkaffe, 3 msk socker, kryddnejlika, kanelstång och vatten.

b) Täck över, låt koka upp. Ta bort från värmen och låt stå, täckt, ca 5 minuter för att dra.

c) Anstränga. Häll upp i koppar och toppa varje med en sked vispad grädde. Tillsätt en skvätt kanel.

63. Kanel Espresso

Ingredienser:
- 1 kopp kallt vatten
- 2 msk Malet espressokaffe
- 1/2 kanelstång (3" lång)
- 4tskCrème de Cacao
- 2 tsk konjak
- 2 msk vispgrädde, kyld Riven halvsöt choklad till garnering

Vägbeskrivning

a) Använda sig avdin espressomaskin för thans eller riktigt starka kaffe med en liten mängd filtrerat vatten.

b) Bryt en kanelstång i små bitar och lägg i den varma espresson.

c) Låt svalna 1 minut.

d) Tillsätt crème de cacao och konjak och rör om försiktigt. Häll i demitasse

e) Koppar. Vispa grädden och flyta lite grädde ovanpå varje kopp. Garnera med riven choklad eller chokladlockar.

64. Mexikanskt kryddat kaffe

Ingredienser:
- 3/4 kopp Farinsocker, fast packat
- 6 kryddnejlika
- 6 Julienneskivor apelsinskal
- 3 kanelstänger
- 6 matskedar. Riktigt bryggt kaffe

Vägbeskrivning

a) Värm 6 koppar vatten med farinsocker, kanelstång och kryddnejlika i en stor kastrull på måttlig hög värme tills blandningen är varm, men låt den inte koka. Tillsätt kaffet, låt blandningen koka upp, rör om då och då, i 3 minuter.

b) Sila kaffet genom en fin sil och servera i kaffekoppar med apelsinskalet.

65. Vietnamesiskt äggkaffe

Ingredienser:

- 1 ägg
- 3 teskedar avVietnamesiskt kaffepulver
- 2 teskedar sötad kondenserad mjölk
- Kokande vatten

Vägbeskrivning

a) Brygg en liten cupp av vietnamesiskt kaffe.

b) Knäck ett ägg och släng vitorna.

c) Lägg äggulan och den sötade kondenserade mjölken i en liten, djup

skål och vispa kraftigt tills du får en skummig, fluffig blandning som ovan.
d) Tillsätt en matsked av bryggkaffet och vispa i det.
e) Häll i ditt bryggkaffe i en klar kaffekopp och lägg sedan den fluffiga äggblandningen ovanpå.

66. Turkiskt kaffe

Ingredienser:
- 3/4 kopp vatten
- 1 msk socker
- 1 msk pulveriserat kaffe
- 1 kardemummakapsel

Vägbeskrivning
a) Koka upp vatten och socker.
b) Ta bort från värmen, tillsätt kaffe och kardemumma
c) Rör om väl och återgå till värmen.
d) När kaffe skummar, ta bort från värmen och låt sumpen sätta sig.
e) Upprepa två gånger till. Häll upp i koppar.
f) Kaffesumpen ska sätta sig innan det dricks.
g) Du kan servera kaffet med kardemummakapseln i koppen - ditt val

Turkiskt kaffetips
h) Ska alltid serveras med skum på toppen
i) Du kan begära att ditt kaffe mals för turkiskt kaffe - det är en pulverkonsistens.

j) Rör inte om efter att ha hällt upp i koppar eftersom skummet kommer att kollapsa
k) Använd alltid kallt vatten när du förbereder
l) Grädde eller mjölk tillsätts aldrig till turkiskt kaffe; socker är dock valfritt

67. Pumpa kryddad latte

Ingredienser:
- 2 matskedar konserverad pumpa
- 1/2 tsk pumpapajkrydda, plus mer till garnering
- Nymalen svartpeppar
- 2 matskedar socker
- 2 matskedar rent vaniljextrakt
- 2 dl helmjölk
- 1 till 2 shots espresso, ca 1/4 kopp
- 1/4 kopp tjock grädde, vispad tills det bildas fasta toppar

Vägbeskrivning

a) Värm pumpan och kryddorna: Koka pumpan med pumpapajkryddan och en rejäl portion svartpeppar i en liten kastrull på medelvärme i 2 minuter eller tills den är varm och doftar tillagad. Rör om konstant.

b) Tillsätt sockret och rör om tills blandningen ser ut som en bubbel tjock sirap.

c) Vispa i mjölken och vaniljextraktet. Värm försiktigt på medelvärme, titta noga för att se till att det inte kokar över.

d) Bearbeta försiktigt mjölkblandningen med en stavmixer eller i en traditionell mixer (håll ner locket ordentligt med en tjock bunt handdukar!) tills den är skummande och blandad.

e) Blanda dryckerna: Gör espresson eller kaffet och dela mellan två muggar och tillsätt den skummade mjölken.

f) Toppa med vispad grädde och ett stänk av pumpapajkrydda, kanel eller muskotnöt om så önskas.

68. Caramel Latte

Ingredienser:

- 2 uns espresso
- 10 uns mjölk
- 2 msk hemgjord kolasås plus mer för duggregn
- 1 msk socker (valfritt)

Vägbeskrivning

a) Häll upp espresson i en mugg.
b) Häll mjölken i ett brett glas eller glasburk och låt mikrovågsugn i 30 sekunder tills den är väldigt varm men inte kokar.
c) Alternativt, värm mjölken i en kastrull på medelvärme i cirka 5 minuter tills den är väldigt varm men inte kokar, titta noga på den.
d) Tillsätt kolasåsen och sockret (om det används) till den varma mjölken och rör om tills de löser sig.
e) Använd en mjölkskummare och skumma mjölken tills du inte ser några bubblor och du har ett tjockt skum, 20 till 30 sekunder. Snurra glaset och knacka lätt på det på bänken upprepade gånger för att få de större bubblorna. Upprepa detta steg vid behov.

f) Använd en sked för att hålla tillbaka skummet och häll mjölken i espresson. Häll resterande skum ovanpå.

FRAPPUCCINO OCH CAPPUCINO

69. Caramel Frappuccino

Ingredienser:
- 1/2 kopp kallt kaffe
- 3 matskedar socker
- 1/2 kopp mjölk
- 2 koppar is
- Vispad grädde - använd den konserverade sorten som du kan spruta ovanpå
- 3 matskedar kolasås

Vägbeskrivning
a) Blanda alla ingredienser i en mixer
b) Mixa drycken tills isen är krossad och drycken är slät
c) Servera i kylda kaffemuggar med vispad grädde och kolasåsen ringlad på toppen.

70. Hallon Frappuccino

Ingredienser:

- 2 koppar krossade isbitar
- 1 1/4 koppar-extra starkt bryggkaffe
- 1/2 kopp mjölk
- 2 msk vanilj- eller hallonsirap
- 3 msk chokladsirap
- Vispgrädde

Vägbeskrivning

a) Kombinera isbitar, kaffe, mjölk och sirap i en mixer.
b) Mixa till en fin slät.
c) Häll upp i kylda höga serveringsmuggar eller läskfontänglas.
d) Toppa med vispad grädde, ringla choklad och hallonsirap på toppen.
e) Lägg till en maraschino körsbär om så önskas

71. Kaffe Milk Shake

Ingredienser:

- 2 dl mjölk
- 2 matskedar socker
- 2 tsk snabbkaffe
- 3 msk vaniljglass
- Starkt kaffe som är kallt

Vägbeskrivning

a) Tillsätt alla ingredienser i mixern i angiven ordning och mixa på hög hastighet tills det är blandat.
b) Servera i läskfontänglas.

72. Mocka Frappe

Ingredienser:

- 18 isbitar (upp till 22)
- 7 oz. Dubbel styrka kaffe, kylt
- 1/2 kopp chokladsås (eller sirap)
- 2 msk vaniljsirap
- Vispgrädde

Vägbeskrivning

a) Använd en mixer.
b) Häll is, kaffe, chokladsås och sirap i mixern. Mixa tills det är slätt. Häll upp i ett stort, högt, kylt läskfontänglas.
c) Garnera med en klick vispgrädde eller en kula glass.

73. Omedelbar Caramel Frappuccino

Ingredienser:
- 1/3 glas is
- 1/3 glas mjölk
- 1 matsked snabbkaffe
- 2 msk kolasirap

Vägbeskrivning
a) Mixa alla ingredienser i en mixer tills isen är fint krossad och mjölken skummar.
b) Servera omedelbart.

74. Mango Frappe

Ingredienser:

- 1 1/2 koppar mango, skär upp
- 4-6 isbitar
- 1 kopp mjölk
- 1 msk citronsaft
- 2 matskedar socker
- 1/4 tsk vaniljextrakt

Vägbeskrivning

a) Lägg den skurna mangon i frysen i 30 minuter
b) Blanda mango, mjölk, socker, citronsaft och vanilj i en mixer. Mixa tills det är slätt.
c) Tillsätt isbitar och bearbeta tills tärningarna också är jämna.
d) Servera omedelbart.

75. Café Cappuccino

Ingredienser:
- 1/2 kopp snabbkaffe
- 3/4 kopp socker
- 1 kopp fettfri torrmjölk
- 1/2 tsk torkat apelsinskal

Vägbeskrivning
a) Krossa torkat apelsinskal i mortel och mortelstöt
b) Använd 2 matskedar för varje kopp varmt vatten

76. Cappuccino Shake

Ingredienser:
- 1 kopp skummjölk
- 1 1/2 tsk snabbkaffe
- 2 förpackningar konstgjorda sötningsmedel
- 1/4 av ett uns konjak eller rom smaksättning
- 1 skvätt kanel

Vägbeskrivning
a) Blanda mjölk, kaffe, sötningsmedel och konjak eller romextrakt i en mixer.
b) Mixa tills kaffet är upplöst.
c) Servera med en klick kanel.
d) För en varm dryck, värm i mikrovågsugnen.

77. Krämig Cappuccino

Ingredienser:
- 1/4 kopp Instant Espresso eller Instant Dark Roast Coffee
- 2 koppar kokande vatten
- 1/2 kopp Heavy Cream, vispad
- Kanel, muskotnöt eller fint strimlat apelsinskal
- Socker

Vägbeskrivning

a) Lös upp kaffe i kokande vatten, Häll upp i små, höga koppar.

b) Fyller bara halvvägs.

Lägg till ett streck av:

a) Kanel, muskotnöt eller fint strimlat apelsinskal

b) Vänd ner grädden i kaffet.

78. Fryst Cappuccino

Ingredienser:

- 2 skopor Vanilla Frozen Yoghurt-Delad
- 1/2 kopp mjölk
- 1 matskedar Hersheys chokladpulver
- 1 1/2 tsk snabbkaffegranulat

Vägbeskrivning

a) Lägg 1 skopa av den frysta yoghurten, mjölken, chokladpulvret och kaffegranulatet i en matberedare eller mixer.
b) Bearbeta 30 sekunder eller tills den är slät.
c) Häll upp i ett högt läskfontänglas.
d) Toppa med resterande skopa yoghurt.

FRUKTIG KAFFE

79. Hallon kaffe

Ingredienser:
- 1/4 kopp brunt socker
- Kaffesump för en 6 koppar kanna vanligt kaffe

- 2 tsk avHallonextrakt

Vägbeskrivning
a) Lägg hallonextrakt i den tomma kaffekannan
b) Häll farinsocker och kaffesump i kaffefiltret
c) Tillsätt de 6 kopparna vatten till toppen och brygg grytan.

80. Julkaffe

Ingredienser:
- 1 kanna kaffe (motsvarande 10 koppar)
- 1/2 kopp socker
- 1/3 kopp vatten
- 1/4 kopp osötad kakao
- 1/4 tsk kanel
- 1 nypa riven muskotnöt
- Vispgrädde till topping

Vägbeskrivning
a) Förbered kanna kaffe.
b) I en medelstor kastrull, värm vatten till en låg koka. Tillsätt socker, kakao, kanel och muskotnöt.
c) Koka tillbaka till lågt i cirka en minut – rör om då och då.
d) Kombinera kaffe och kakao/kryddblandning och servera toppad med vispad grädde.

81. Rik kokosnötskaffe

Ingredienser:
- 2 koppar halv-och-halva
- 15 oz. Kan grädde av kokos
- 4 koppar Varmbryggt kaffe
- Sötad vispgrädde

Vägbeskrivning
a) Koka upp halv-och-halva och grädde av kokos i en kastrull på medelvärme, under konstant omrörning.
b) Rör ner kaffe.
c) Servera med sötad vispgrädde.

82. Choklad Banan Kaffe

Ingredienser:

- Gör en 12 koppar kanna av ditt vanliga kaffe

- Tillsätt 1/2-1 tsp av bananextrakt

- Tillsätt 1-11/2 tsk kakao

Vägbeskrivning
a) Kombinera
b) Så enkelt...och perfekt för ett hus fullt av gäster

83. Schwarzwald kaffe

Ingredienser:
- 6 oz. Nybryggt kaffe
- 2 msk chokladsirap
- 1 msk Maraschino körsbärsjuice
- Vispgrädde
- Rakad choklad
- Maraschino körsbär

Vägbeskrivning

a) Kombinera kaffe, chokladsirap och körsbärsjuice i en kopp. Blanda väl.

b) Toppa med vispgrädde chokladspånen och ett körsbär eller 2.

84. Maraschino kaffe

Ingredienser:
- 1 kopp svart kaffe
- 1 oz. Amaretto
- Vispad topping
- 1 Maraschino körsbär

Vägbeskrivning
a) Fyll kaffemugg eller kopp med varmt svart kaffe. Rör ner amaretton.
b) Toppa med vispad topping och ett körsbär.

85. Chokladmandelkaffe

Ingredienser:

- 1/3 kopp malet kaffe
- 1/4 tsk Nymalen muskotnöt
- 1/2 tsk chokladextrakt
- 1/2 tsk mandelextrakt
- 1/4 kopp rostade mandel, hackad

Vägbeskrivning

a) Bearbeta muskotnöt och kaffe, tillsätt extrakt. Bearbeta 10 sekunder längre. Lägg i en skål och rör ner mandeln. Förvara i kylskåp.
b) Gör 8 sex uns portioner. För att brygga: Placera blandningen i filtret på en automatisk droppkaffebryggare.
c) Tillsätt 6 dl vatten och brygg

86. Kaffe Soda Pop

Ingredienser:

- 3 koppar kylt dubbelstarkt kaffe
- 1 msk socker
- 1 kopp halv och halv
- 4 skopor (1 pint) kaffeglass
- 3/4 kopp kyld club soda
- Sötad vispgrädde
- 4 maraschino körsbär,
- Garnering-choklad lockar eller kakao

Vägbeskrivning

a) Blanda kaffe- och sockerblandningen i hälften och hälften.
b) Fyll 4 höga läskglas halvvägs med kaffeblandningen
c) Tillsätt en kula glass och fyll glasen till toppen med läsk.
d) Garnera med vispad grädde, choklad eller kakao.
e) Bra nöje för fester
f) Använd en koffeinfri för fester med ungdomar

87. Wiens kaffe

Ingredienser:

- 2/3 kopp torrt snabbkaffe
- 2/3 kopp socker
- 3/4 kopp pulveriserad gräddkanna utan mejeriprodukter
- 1/2 tsk kanel
- Slå var och en av mald kryddpeppar, kryddnejlika och muskotnöt.

Vägbeskrivning

a) Blanda alla ingredienser och förvara i lufttät burk.
b) Blanda 4 tsk med en kopp varmt vatten.
c) Detta är en underbar gåva.
d) Lägg alla ingredienser i en konservburk.
e) Dekorera med ett band och häng tagg.
f) Hängtaggen bör ha blandningsinstruktionerna maskinskrivna.

88. Espresso Romano

Ingredienser:
- 1/4 kopp finmalet kaffe
- 1 1/2 koppar kallt vatten
- 2 remsor citronskal

Vägbeskrivning
a) Placera malet kaffe i filtret på en droppkaffekanna
b) Tillsätt vatten och brygg enligt maskinbryggningsanvisningarna
c) Tillsätt citron i varje kopp
d) Tjäna

KAFFEBLANDNINGAR

89. Café Au Lait

Ingredienser:
- 1 dl mjölk
- 1 dl Ljus grädde
- 3 matskedar snabbkaffe
- 2 koppar kokande vatten

Vägbeskrivning
a) Värm mjölk och grädde på låg värme tills det är varmt. Under tiden löser du upp kaffet i kokande vatten. Innan servering, vispa mjölkblandningen med roterande visp tills den blir skum. Häll mjölkblandningen i uppvärmd kanna och kaffe i en separat kanna.
b) Att servera: Fyll koppar genom att hälla upp från båda kannorna samtidigt, så att bäckarna möts när du häller upp.
c) Detta kaffe ger en underbar presentation och en läcker tjänst.

90. Omedelbar orange cappuccino

Ingredienser:

- 1/3 kopp pulveriserad gräddkanna utan mejeriprodukter
- 1/3 kopp socker
- 1/4 Torrt snabbkaffe
- 1 eller 2 orange hårda godisar (krossade)

Vägbeskrivning

a) Mixa alla ingredienser i mixern.
b) Blanda 1 msk med 3/4 kopp varmt vatten.
c) Förvara i lufttät burk.

91. Mockamix i schweizisk stil

Ingredienser:

- 1/2 kopp snabbkaffegranulat
- 1/2 kopp socker
- 2 matskedar kakao
- 1 kopp fettfri torrmjölkspulver

Vägbeskrivning

a) Blanda allt och blanda väl. Förvara blandningen i en lufttät behållare.
b) För varje portion:
c) Placera 1 matsked + 1 tsk. av blanda i en kopp.
d) Tillsätt 1 dl kokande vatten och rör om väl.

92. Instant Creamed Irish Coffee

Ingredienser:

- 1 1/2 kopp varmt vatten
- 1 matskedar Snabbkaffekristaller
- 1/4 kopp irländsk whisky
- Farinsocker efter smak
- Vispad topping

Vägbeskrivning

a) Kombinera vatten och snabbkaffekristaller i ett mått på 2 koppar. Mikrovågsugn, utan lock, på 100 % effekt i cirka 4 minuter eller bara tills den har ångat.
b) Rör ner irländsk whisky och farinsocker. Servera i muggar.
c) Toppa varje mugg med vispad topping.

93. Mocka kaffemix

Ingredienser:

- 1/4 kopp pulveriserad gräddkanna utan mejeriprodukter
- 1/3 kopp socker
- 1/4 kopp torrt snabbkaffe
- 2 matskedar. Kakao

Vägbeskrivning

a) Lägg alla ingredienser i mixern, vispa på hög tills det är väl blandat. Blanda 1 1/2 matskedar
b) med en kopp varmt vatten.
c) Förvara i lufttät burk. Som en konservburk.

94. Mocka snabbkaffe

Ingredienser:
- 1 kopp snabbkaffekristaller
- 1 kopp varm choklad eller kakaomix
- 1 kopp mjölkfri gräddkanna
- 1/2 kopp socker

Vägbeskrivning

a) Kombinera alla ingredienser; Blanda noggrant. Förvara i en tätt täckt burk. Prova en konservburk.

b) Att servera: Häll 1 1/2 - 2 matskedar i en kopp eller mugg.

c) Rör i kokande vatten för att fylla koppen.

d) Ger 3 1/2 koppar kaffeblandning eller cirka 25 eller fler portioner.

95. Wiens kaffemix

Ingredienser:
- 2/3 kopp (lite) torrt snabbkaffe
- 2/3 kopp socker
- 3/4 kopp pulveriserad gräddkanna utan mejeriprodukter
- 1/2 tsk kanel
- streck Malen kryddpeppar
- streck kryddnejlika
- dash Muskotnöt

Vägbeskrivning
a) Blanda alla ingredienser och förvara i lufttät burk.
b) Blanda 4 tsk med 1 dl varmt vatten.

96. Nattfötter kaffemix

Ingredienser:

- 2/3 kopp Nondairy kaffegräddkanna
- 1/3 kopp Instant Decaf kaffegranulat
- 1/3 kopp strösocker
- 1 tsk mald kardemumma
- 1/2 tsk mald kanel

Vägbeskrivning

a) Kombinera alla ingredienser i en medelstor skål; rör om tills det är väl blandat.
b) Förvara i lufttät behållare. Ger 1 1/3 koppar kaffemix
c) Sked 1 råga matsked kaffeblandning i 8 uns varmt vatten. Rör om tills det är väl blandat.

97. Cappuccino mix

Ingredienser:
- 6 tsk snabbkaffe
- 4 matskedar osötad kakao
- 1 tsk mald kanel
- 5 matskedar socker
- Vispgrädde

Vägbeskrivning
a) Blanda alla ingredienser.
b) För att göra en portion kaffe använd 1 matsked blandning och lägg i en stor mugg; häll 1 $\frac{1}{2}$ dl kokande vatten över och rör om.
c) Toppa med vispad grädde

98. Café Cappuccino Mix

Ingredienser:
- 1/2 kopp snabbkaffe
- 3/4 kopp socker
- 1 kopp fettfri torrmjölk
- 1/2 tsk Torkat apelsinskal

Vägbeskrivning

a) Mal det torkade apelsinskalet med mortel och mortelstöt. Rör ihop alla ingredienser.
b) Använd en mixer för att blanda tills det är pulveriserat.
c) För varje portion:
d) Använd 2 matskedar för varje kopp varmt vatten.
e) Gör cirka 2 1/4 koppar mix.

99. Louisiana Café med mjölk

Ingredienser:
- 2 koppar mjölk
- Socker
- 1 kopp Louisiana kaffe

Vägbeskrivning
a) Häll mjölk i kastrullen; koka upp.
b) Häll varmt nybryggt kaffe och mjölk samtidigt i koppar; söta med socker efter smak.

100. Västindiens kaffe

Ingredienser:

- 3 1/2 koppar helmjölk
- 1/4 kopp snabbkaffe
- 1/4 kopp farinsocker
- 1 skvätt salt

Vägbeskrivning

a) Häll snabbkaffe, farinsocker och salt i din mugg.
b) Koka försiktigt upp mjölken så att den precis börjar koka. Rör om för att lösas upp.
c) Servera i tunga muggar.
d) Ger 4 portioner.

SLUTSATS

Det finns miljontals människor som helt enkelt älskar smaken av kaffe. Denna smak är olika för varje kaffedrickare på grund av det stora utbudet av kaffesmaker, rostar och varianter som finns på marknaden. Vissa människor gillar en djup mörk kaffesmak medan andra gillar en lättare rost som är slät och mjuk.

Oavsett smak lockas folk till sin morgonkopp kaffe. De främsta anledningarna till att människor dricker kaffe är lika varierande som vilka typer av kaffe som finns att dricka. Oavsett varför människor dricker kaffe är det näst efter vatten i konsumtion och varje dag växer antalet kaffedrickare enormt och lägger till sina egna skäl till att dricka det till listan.

Om du är en kaffeentusiast eller nyomvänd, kommer den här kokboken att fördjupa din kärlek till kaffe långt!

Glad bryggning!

www.ingramcontent.com/pod-product-compliance
Lightning Source LLC
Chambersburg PA
CBHW070406120526
44590CB00014B/1278